Shon Malagón

Índice

Shon Malagón

Publicado por **Ibukku** 2014
Diseño de portada y maquetación: **Índigo estudio gráfico**
ISBN: 978-0-9896324-8-5

Con amor a todas las personas que lean este libro, en especial a mi musa actual, a mi familia, amigos y a mis mejores amigas

Agradezco a mi familia y amigos que me motivaron a publicar mis poemas y se emocionaron con el libro.

Admirar

Mujer de fuerza extensa, mujer decidida
Con sueños firmes, pasos con medida
Divina ante la vida, siempre en lucha por la felicidad
Contemplaba el atardecer.

Tranquila, serena, en su interior
tal vez había una revolución
¡Yo admirándola con pasión ferviente!
Suspiros al viento llevan su pensar hasta su amor
Respira, exhala, tranquilidad atrapa.

Mientras tanto el crepúsculo se esconde en la playa
Sus luces se apagan, cae la noche
Era callada, constelada y alumbrada
por la hermosura de tantas estrellas
Yo, más que admirar el acontecer natural del sol,
la admiraba a ella.

Amistad

Eres frágil como esfera de cristal
Quisiera que nada te hiera
Cuando estás triste, tu dolor lo siento también yo
Te cuido, valoro y alimento.

Es tan fácil poder expresar la ternura que hay en ti
Eres como una flor a punto de abrir
Tu aroma agradable es
Confianza y aprendizaje cultivamos.

Siempre estas alegre, pocas veces lloras
Es bonito poder en ti creer
Compartir todo lo que en mi vida acontece
Disfrutar de tantas cosas mas.

Respiro tranquilidad
Risas no faltan jamás
Tú y yo dentro de esta esfera de cristal
la adversidad se contempla en paz.

Amo los poemas

Hoy no quiero pensar en alguno de ellos
Disfruto al leerlos, pero definitivamente
Hoy no es el caso, hacen sangrar la herida
Estoy divagando en mundos raros,
sorprendiéndome de mi propia fantasía
Ella que cobra vida en todo mi ser
Se hace vida real, se hace historia, se evapora al final.

De pronto nada permanece oculto, todo culmina
Como película poco agradable, con un final gris
Juegos de amor que carecen de energía fiel
Tragedias que fulminan un final feliz
Mutilan sueños, mutilan fe
Caminos diversos entran, caminos torcidos encuentro
¿Y para qué? ¿Para darme cuenta qué difícil es creer?

Te di mi cariño
Mi confianza
Mi entrega
Abrí la vulnerable puerta de un corazón poeta
Quise que fueras la mujer más dichosa del planeta.

¿Amor o juego de ajedrez?

Regocijas tu vanidad al querer y lograr sembrar celos,
dudas en las demás
Te aprovechas de ese amor que han llegado a sentir por ti
Manipulas la inocencia como peones
en un juego de ajedrez, luchas, perseveras
Y alcanzas, hasta conseguir jaque mate,
no importándote que con trampas lo hayas obtenido.

Caprichosa, embustera, hermosa sin dudarlo,
guerrera como una fiera
En el amor te atrae lo prohibido,
arrebatas lo que no es tuyo
Ilusionas, adornas de piropos, de falsas promesas
para que caigan rendidas a tus pies
Cada mujer que lo hace se estremece en tus brazos,
por el hechizo de tus labios.

Una gran venda en los ojos tienen,
sueñan que romperán la piñata
Y tú te ríes a carcajadas
por que sabes que sólo juegan a la gallina ciega
Ja ja ja ja ja ja

El amor es para ti como un juego de ajedrez
Donde lo importante es ganar, no sentir, para no sufrir.
Tu lema es: "así no perderé".
Pero lo más valioso, ese gozo, esa adrenalina
Que te produce el amor,
prefieres no atesorar en tu corazón.

Contratas al mejor arquitecto, a los mejores albañiles
Para que con el concreto, piedra, arena de la más alta calidad
Ese que utilizan para los puentes, para las largas carreteras
Con ese material construyan en tu corazón grandes barreras
Con fuertes cimientos, para que nadie se cuele,
por mas fuerte que sea el viento.

¿Sabes una cosa dama de las 7 mujeres,
reina del juego de ajedrez?
Tu corazón tiene hambre, tiene un enorme deseo,
tiene un inmenso amor por entregar
Pero ese miedo al sentirte vulnerable,
frágil por amar a alguien
Te impide abrir las puertas de tu alma
y hacer derroche de todo ese amor
que guardas en tu interior.

No importa cuantos juegos logres ganar
O cuantos triunfos por celebrar, cuando te atreves
a entregarte a solo una, tu trofeo es para siempre
El más hermoso, y nadie te lo puede arrancar,
por que quedará impregnado dentro tuyo.

Aquí descansa mi madre

Aquí descansa el cuerpo de mi madre
Restos cansados por la edad, por la enfermedad
Que lo desprendieron de su alma
Cuerpo que luchó sin descanso por la vida
Entregándose a su familia, cuerpo campestre, piel blanca
Cuerpo bailarín, brazos que me cubrían del frío.

Su risa se escucha en mi casa, que tan lejana está de mí
En el jardín sus rosas que plantaba para mí
En su habitación solo mi padre que tanto la amo…

Aquí descansan los restos mortales
de una mujer alegre y sencilla
Siempre en su boca una sonrisa tenía
Aquí permanecerá por siempre, tres metros bajo tierra
Pero su presencia, su esencia, aura,
su alma y voz estarán siempre conmigo.

Aún recuerdo su última bendición,
una semana antes de su adiós…

¡Oh corazón como has resistido,
tolerado, esta enorme ausencia!
Será por que es mi consuelo tenerte en mi sueños
En ellos me das mensajes y respuestas
cuando confundida o triste he estado
Será por que me he perdonado
por todas las veces que te fallé
Dentro de mi con certeza se que a través
de los nocturnos recados feliz estás
deseas que tus seres queridos
te dejemos ir con tranquilidad.

Duele tu partida, el obligatorio privarme de ti…

Descansa en paz mamá.

Historia de dos... cebolla y jícama

Todas las mañanas al salir el alba
En cálidos paisajes y sembradíos
Nacía una historia entre dos...
Una jícama llena de vitalidad, salud y belleza.
Una cebolla que no por sus lágrimas significaba débil,
al contrario
Era fuerte y convincente.

Gustosas, alegres, llenas de vida
Ahí en el campo sembradas, recibiendo los rayos del sol
El agua y el aire fresco ellas soñaban...

La jícama miraba a la cebolla de soslayo
Ya que las separaban vallas de alambre
La cebolla también la miraba
Las dos intercambiaban sonrisas.

Así fueron pasando primaveras, veranos,
otoños e inviernos.

La cebolla admiraba simplemente la belleza de la jícama.
Hasta que un día, decidió escribirle una carta
De esas que ya no cualquiera envía
Todos los días la jícama leía y leía muy atenta
todo lo que la cebolla le decía
Le hablaba de su origen, de lo que sentía su cáscara,
Cada cambio de fertilizante, cada que agua bebía
De cada noche cuando ella dormía soñándola.

La jícama muy halagada al leer
Todo lo bueno que representaba ella en la vida de la cebolla
Siempre conseguía dibujarle una sonrisa en la boca
Eso la hacía muy feliz.

La cebolla le hablaba del lenguaje universal
Solía tener temas de como leer miradas, del poder de atraerla
hacia ella con el pensamiento
A veces sin la necesidad de escuchar palabras
Pláticas amenas de diversas historias.

Otros días la halagaba expresándole sus emociones
Que con sólo mirarla a ella inspiraba,
le decía cuán grande es su belleza
Le decía cuánto la admiraba, cómo la sentía sin tocarla.

Pero la jícama nunca contestaba
Esas cartas solo las leía, se alegraba
Y continuaba en su hábitat, en su entorno.

Pasaban los días, los meses, los años
Se hicieron grandes amigas…

La cebolla no recibió contestación,
Sólo sus miradas, sólo sus sonrisas.

Una fría mañana de enero la jícama,
ansiosa por leer la carta que a diario recibía
La hacía esperar…
De pronto se preguntó
por qué no tenia esa carta en sus manos
Como ya era costumbre.

Pasaron horas, días, y cartas la jícama ya no recibía

De pronto un día decidió romper barreras, salió a buscarla
Corrió de prisa por varios terrenos, cruzando linderos,
cruzando el vacío
Hasta llegar a su casa.

¡Por fin la encuentra!

Enferma, tirada, seca la cebolla, su piel había cambiado
Ya no era joven, ni bella, si no todo lo contrario
Había envejecido
La contaminación su piel había transformado,
los pesticidas la estaban matando.

La jícama al mirarla en esas condiciones
Comenzó a llorar, la tomó de la mano y le preguntó llorando:
¿Qué ha pasado contigo?
¿Por qué has enfermado?
He extrañado tus cartas, siento un hueco en el pecho
Porque han formado parte de mi vida,
disfruto al leerlas, las valoro

La cebolla débilmente le responde
Yo se cuan grande es tu preocupación,
se que me extrañas tanto como yo a ti
Quiero que sepas que a pesar de la ausencia de las cartas
Mis pensamientos y mi corazón han estado contigo.

La cebolla con seguridad le dice:
te dejo lo mejor de mí, lo más sincero que en vida te di
La jícama presiente
que esas palabras de la cebolla son su despedida.

¡La cebolla morirá!

La jícama la mira a los ojos y le confiesa:
Yo también siento lo mismo por ti,
pero en la vida hay amores que no siempre pueden ser.

Se miran ambas a los ojos…

La cebolla sin energía, hace un esfuerzo y le sonríe
Le toma la mano y le responde:
Moriré tranquila por que fue un placer conocerte
Le aprieta la mano, cierra los ojos y después fallece.

La jícama exclama un grito desesperado de dolor
La muerte se lleva, la vida le quita lo mas preciado
Se lleva, se lleva a la que tanto le amo.

Corazón enamorado

Mi mirada quedó anclada cuando te conocí
Por primera vez desde aquel día supe que serias
Alguien que de mi se apoderaría, desde entonces
He tratado de mantener este corazón en una celda
Donde no pueda derrochar amor.

Pero por más que permanece ahí
Es como si golpeara minuto a minuto la puerta de mi alma
Para que ésta se abriera y lo dejara en libertad
En mi subconsciente algo me impide dejarte salir
Mis más profundos y sinceros sentimientos
Están presos de mi cobardía y de aquel temor
Temor que me atormenta día a día.

Pobre corazón enamorado
Despacio, lento morirá, olvidado
En la celda de acero, oscura, tenebrosa donde yo lo dejé.

¿Quién será quien rescate mi corazón?
¿Quién llegará, quién ayudará a que salga de la tormenta
mi pobre corazón enamorado?

Ya no tendrá voz, la adversidad es difícil
La marea sube, el mar se desborda,
¡acaba con lo que se le cruza!
Caminos por recorrer me faltan,
este corazón no ha dejado de insistir en ser liberado
Algún día por mi bien dejaré que sea flechado.

Cuando me libere de tu amor

Cuando me libere de tu amor
viviré agradecida con Dios,
andaré por el mundo sin temor
Arrojaré por la mar tus recuerdos,
así ya no serán míos.
¿Para qué he de acordarme de ti?
Si lo que recordaré sólo será para sufrir
Me haré creer que has muerto, jamás regresarás a mí.

No hay mas lágrimas que derramar
Sólo fragilidad, agotamiento
Sacaré fuerza de lo desconocido
Haré todo por liberarme de tu presencia
que habita en mi mente.

Olvidaré que te amo.

Quisiera alojarte en mi corazón un instante
Después te miraría a los ojos
Tu bajarías la mirada y por siempre vivirías entristecida.

Cuando te miro

Te vi tan linda y hermosa
Tus ojos se clavaron en mi mente,
niña altanera y caprichosa
Después tu presencia se esfumó de repente
Pensativa estuve por un buen rato
Recordando cuando te tuve en mis brazos
Diferente, tierna como un gato.

destino tan cruel que rompió nuestros lazos!
Me conformo con encontrarte de vez en cuando
Mantengo una chispa de luz en mi corazón
Cuando duermo sueño que te estoy amando
Me despierto, caigo en cuenta que no tengo razón.

Continúo con mi vida normal
Aceptando que no fuimos tal para cual
Trato de ahogar mis sentimientos
Reconozco que a veces me causan mal.

Te amo en silencio, susurro tu nombre
Me relaciono con gente para ver si con alguien
logro olvidarte
Lo intento con mujeres y hasta con un hombre
Pero a pesar de eso, siempre tengo la esperanza
de besos colmarte.

Cuando vuelva a mirarte,
te observaré minuciosamente
Paso a paso que das, cada movimiento, cada palabra
Todo lo que hagas en mi memoria lo archivaré
Así cuando esté sola ese momento especial yo lo abra.

Cuando te miro me pongo nerviosa
Creo que mis palabras se cortan
Me siento como idiota
Y tú, seguramente lo notas, conociéndote,
te sentirás una diosa.

Cuando te sientas sola

Cuando te sientas sola, cuando estés triste
Cuando te sientas deprimida,
piensa en lo mucho que significas para mí
Desahógate conmigo, mira en mí a un amiga
a la cual puedes decir o contar tus penas
Yo con atención y amor haré que te sientas mucho mejor
Si algún día necesitas de un hombro para llorar,
mis brazos estarán para ti
Tal vez una palabra de aliento, un beso en tu frente,
le darán paz a tu corazón.

Quiero ser en tu vida una huella imborrable
Alguien que a porte tranquilidad a tu alma
Así, cuando pienses en mí, sea con una sonrisa en tu boca
Un recuerdo preciado, agradable, quiero ser
Que no importe la distancia, los obstáculos
Mi amor por ti es fuerte y siempre estaré a tu lado.

He imaginado que juntas caminamos de la mano
Sintiéndonos una misma, este amor que sentimos
nos cambiara nuestras vidas
Me acostumbraré a ti, te acostumbrarás a mí,
aceptemos este sentimiento con humildad
Demos un respeto absoluto para que perdure
Para que nos sintamos felices cuando llegue el momento
De vivir y compartir todas las etapas juntas
Aprendamos a amar y valorarnos tal cual somos.

Desnúdate

Me encantó que te desnudaras frente a mí
Gocé al ver como te quitabas la ropa, prenda por prenda
Y al mismo tiempo nos comíamos a besos
Sin duda si comparo tu cuerpo con algún buen alimento
Te confieso, fue lo mejor que comí.

Saboreé tus senos, sentía como crecían sus partes
Al deslizar mis manos por tus piernas, al tocarte sentía
Como humedecías de placer las sábanas
Te estremecías en mis brazos, adoraba tus expresiones
Gemías, mordías, me decías una y otra vez que me amabas.

Después me confiesas que nunca me quisiste, yo creí en ti
En tus palabras, en todo lo que hacías y decías
No por tonta lo creí, ¡no!
Te sentía, tu mirada lo expresó, creí que eras sincera
Me confundiste, me enamoré de una persona linda,
maravillosa, hermoso ser humano
La que me llenaba de amor,
después me presentas a otra, ¡no lo entiendo!

Hubiera preferido que te desnudaras el alma,
tu corazón, tus verdaderos sentimientos
¡Desnúdate por que necesito verte por dentro!
¡Desnúdate por que muero por saber quién eres en realidad!

Desnúdate completamente, no dejes nada cubierto
Que cuando tengas la necesidad de un apoyo, un consuelo
Un abrigo, mis brazos serán tus más fieles amigos.

Decidí arrancarte de mi corazón

En esas noche en que me voy a la cama
pensando en ti
Estoy con toda la intención de dormir profundamente
para deshacerme de tu imagen
que llevo grabada en mi mente
No lo consigo puesto que te llevo en mis sueños.

¿Cómo apartarte de mi corazón, de lo que siento?
Ya no quiero amarte, porque tú a mí no me amas
Y yo me estoy cansando de recibir tus migajas
Poco a poco me he ido dañando de tanto quererte,
de tanto extrañarte.

Hoy decidí arrancarte de mí
¿Para qué guardo todo esto que siento?
¿Para qué lo conserve si nunca podré estar a tu lado?
Tú eres culpable de que decida apartarte de mi vida.

No has dejado que me compenetre en ti
Que con todo mi amor te haga feliz
Es muy tarde, la decisión ha sido tomada
Un día no muy lejano lamentarás no ser por mí amada
Es entonces cuando me darás
el real valor que yo merezco.

Te he llorado, triste he estado,
ha sido brutal tu indiferencia
Te quiero más de lo que imaginé,
ojalá me diera amnesia
Sería la única forma de no acordarme de ti
Sólo así conseguiría que salgas de mis pensamientos
Decidí arrancarte de mi corazón,
mi propósito más difícil es
Luchar por no hablarte,
y no buscarte nunca más.

Diamante

Si el amor que te tengo no se pudo realizar
Si lo hermoso que a tu lado viví no se puede repetir
Es peor que haber muerto porque vivo, pero sin ti
Quererte, amarte... fue lo mas hermoso
Perderte, fue lo peor que me pudo pasar.

El destino nos unió,
Dios quiso que nuestros sentimientos fuesen mutuos,
¿Qué fue lo que pasó? ¿Por qué todo se derrumbó?
Te estoy amando como el primer momento,
me duele que tus besos ya no sean míos
Me duele aceptar que no estés a mi lado,
que nuestros cuerpos ya no sean uno.

El amor permanece en nuestros corazones
Nos llamamos con el pensamiento
Los abismos quieren manipular nuestras razones
¡Quiero acabar pronto con este tormento!

Aunque sé que siempre serás la niña de mis amores
La mujer con la que pensaba pasar
todos los días de mi existir
La vida entera contigo la quiero compartir,
a pesar de ti, a pesar de mí,
De tus motivos, de los míos, a pesar de las excusas,
de los temores.

No habito en mí, mi mente volátil es.
No me concentro, estoy distraída, perdida,
no encuentro una plena felicidad
Mi felicidad estaba contigo, aunque lucho
por que tu amor no me duela, no me lastime
¡Todo es en vano! Me aferro a tu recuerdo,
¡mi diamante, te necesito mucho!

Haberte hallado fue difícil, te esperaba desde hace tiempo
Estaba lista para entregarte mi corazón
¡Me enamoré!, no imaginas lo que significas en mi vida
Nuestro amor es un diamante en bruto al que debemos pulir
La distancia, los miedos,
la desconfianza opacan su verdadero brillo.

¿Por qué debo conformarme con probar el pastel?
Si sé que con ahínco y con fe todo lo puedo tener.
¿Por qué debo rendirme a que te vayas de mi?
Si sé que me sientes en cada poro de tu piel.

¿Pretendes que me cruce de brazos?
¿Por qué debe importarme el que dirán?
Si tus besos me dan felicidad
…te amo y aunque no te tenga, te sigo siendo fiel.

Divinidad

Inspiración eres, tan lejana y cerca
Caricia sin acto de presencia
Suspiros roban de mí tus encantos
No te veo, pero te siento.

Fuerte carcajada, felicidad entra en mi alma
Despiertas lo que en mi se apaga
Recuerdo que de fuego soy…
Indago dentro de mí.

Invisible como el viento, te percibo de norte a sur
Observo mi luz interior… ¡oh sorpresa, ahí te encuentro!
La energía se desvanece entre mis manos
Te baño de mí con un deseo,
Como en mis anhelos, como en mis sueños,
mi decreto esparzo entre tus cabellos.

No te veo... ¡pero te siento!

Si te busco te encuentro, no en materia.
Tampoco puedo tocarte.
Manos impacientes por inercia
Torbellino abdominal
Lluvia que moja mi cara eres tú

¿Quién se inventó la manera correcta
de comunicación contigo?
Ahora descubro que nadie aún.
¿Quién dijo que debo seguir
el clásico patrón para reunirnos?
¿Quién se atreve hablar de un espacio tiempo?
¡No hay respuesta!...
¡Hoy no opino!

Rayos de luz, sed de amor en la sangre
Divinidad simplemente estás en mí.

Dolor de amor

Tu amor es gris, tan triste
A pesar de todo, cada latido de mi corazón lleva tu nombre
Me desespera esta angustia
De no tenerte, no besarte.

Puedo identificar tus mensajes
No te soy del todo indiferente
Es difícil, y sin embargo, dejo que siga creciendo
Todo este amor desde lo mas profundo de mi ser.

Eres algo prohibido, algo fugaz
Pero no me importa, quiero navegar contigo
Hacia lo lejano, en la oscuridad de esta fría ciudad
Quiero que seas mi todo y yo serlo para ti.

Te quiero, acepto el reto de tenerte
Renuncio al temor de perderte después
No pido promesas,
no necesitamos de palabras que se lleva el viento
Sólo quiero por hoy acariciarte el alma.

El amor no tiene cara

El amor no tiene cara, no tiene sexo
A veces lo sientes en un solo beso
Sientes que te envuelve en susceptibilidad
Lo disfrutas, te dejas llevar
¿Cómo saber si es real?

Qué te importa lo que digan los demás
Que no ven que es bueno sentir y difícil de conseguir
No se puede dar con cualquier persona
¿Qué hay de malo si es con alguien de tu mismo sexo?

Vuela, déjate llevar, no mires atrás
Que la vida avanza, no espera
Tú no sabes si mañana el sol verás
Yo me dejo llevar sin preguntar si me amarás
Te llevo en mi corazón,
no se si permanecerás siempre cerca de mí
Pero cuando estés a mi lado serás el ser más amado.

Mírame a los ojos, de timidez no bajes la mirada
Si el tiempo y tú me permitieran
Caminar por la playa, juntas reír tiradas sobre la arena
Abrazarte y besarte.

Hambre de tus labios, besarte y quedarme sin aliento
Quiero gozar en ellos todo lo que llevo dentro
Después te haré el amor, como loca insaciable, como nunca
Y a su vez con todo, cuerpo, alma y corazón.

El placer oscuro

¿Quién puede adivinar?
¿Quién puede saber lo que es no ver, o no sentir?
Sólo un ciego, sólo una persona en estado vegetal ocasionado
por infinidad de razones.

Tú amor mío puedes sentir,
podrás sentir lo que tus ojos no verán
Puesto que vendados estarán.
Caminarás de mi mano dejándote guiar
Escucharás nuestros pasos,
pisando hojas secas caídas de los árboles
Tal vez el viento soplará, un frío enorme tocara tu cuerpo.

Tú no podrás ver el camino donde nos encontramos
No podrás ver la aventura
donde de mi cálida mano te está llevando
¡Porque tus ojos están vendados!

Ahora mi amor, sólo déjate llevar, confía en mí
Con tus ojos cerrados, juega con tu imaginación
¡No hagas preguntas!
Yo te describiré en una poética narración
El lugar donde nos encontramos…

Tu tarea es imaginar, imaginar y sentir
Siente el placer oscuro
que de mi mano estás experimentando.

Será placentero escuchar cómo, de repente,
mi respiración se agita
Sera placentero escuchar tu corazón,
misteriosa travesía oscura del placer
Combinado con ternura y amor.

¿Qué sientes en éste beso oscuro de mis labios?
Si pudieras ver estas manos impacientes
por sentir tu piel desnuda
¡No las podrás ver porque tus ojos están vendados!
Te beso una y otra vez, dejándote sin respiración
Tu mente vuela junto con mi fantasía
al querer en este momento hacerte mía.

Comienzo a quitarte la ropa, lento y suavemente,
ahora deseo acariciarte con mi lengua húmeda
¡Oh que excitante sensación!
Puedo ver como tu piel cambia de textura
Continúo deslizando mi lengua por tu cuerpo
Con mis manos al mismo tiempo
Se humedece más, mi cuerpo esta excitado me pego más a ti
Tomándote de la cintura,
te estoy haciendo el amor en ese lugar
Donde solo hay quietud y calma.

El silencio de mis palabras

Dejaré de expresarte mis palabras
No quiero asustarte más
Sé que como espadas filosas
Se han clavado dentro tuyo.

No es por cobardía o por falta de valentía
¡De sobra sabes que quiero hacerte mía!
Si mi silencio sabes interpretar
Sabrás que tacto quiero tener
Para algún día tu atención captar.

No soy adivina, tampoco quiero serlo
No me tenso por un futuro incierto…
En el presente tus labios quiero besar, saborearlos, sentirte
Aunque después no pueda tenerte.

El miedo es mi enemigo
Aunque a veces trate de acercarse
De manera cariñosa opinando, ¡yo le doy la espalda!
Al miedo ni aun vistiendo falda lo permitiría en mi camino
…tonto es por que a veces lo cree.

En el ayer

Pasaron de pronto las horas
Caminos recorrimos
Lugares no conocidos exploramos en nuestro cruce
De pronto el sol se ocultó y la noche cayó.

Tu temblabas al no poder decirme
lo que llevabas oculto sobre tu alma
Fue ayer cuando estuve en tus brazos, probando tu miel
Ayer hiciste lo que sentías, tus manos acariciaban mi piel
Tus besos fueron constantes,
nos conocimos como amantes.

Comenzamos una nueva etapa,
después de años en amistad
Entrega al placer llegó sin pensar, no lo planeamos
Mujeres en contacto sexual, disfrutamos de verdad
Nerviosismo, fuertes momentos ayer vivimos.

Hemos cambiado desde aquel ayer
Aun sigo oliendo a ti,
ayer supiste lo que es no tener limites
Haber dejado el miedo a un lado,
y haber entregado una pasión ferviente
sin duda permanecerá en nuestra mente.

Ella

Ella lo amaba, lo amaba más que a su propia vida
Sólo pensaba en atraerlo
Quería que sus ojos volátiles sólo la miraran a ella
Su amor era enfermizo, posesivo
Comenzó a sentir que no valía nada
Pese a todos los intentos por retenerlo
Siempre de su lado marchaba.

A ella le faltó quererse, le faltó sabiduría, valentía
Para aceptar que simplemente él no la amaba
Su amor la fue matando en vida
Nada le importaba
Todo lo que había en ella no le servía de nada
Ya que él no la miraba.

La terrible inseguridad acechó su alma
Comenzó a sentirse fea, vacía y gorda
Poco tiempo después encontró, según ella
Un método exacto y preciso
Que al parecer le daría resultado
Pero por más que ella adelgazaba,
él a su lado ya no estaba.

Aferrada a ese amor enfermizo dejó de comer
Se sentía culpable al saborear la comida
Ella la sacaba de su estómago
Siguió haciéndolo frecuentemente
Hasta que enfermó.

Se volvió voluble ante todo lo que la rodeaba,
todo le parecía mal
Sin aceptar que el mal la acechaba sólo a ella.

Al mirarse al espejo por más tiempo que pasaba
Peor se veía, se olvidaba de verse por dentro
De analizar su alma, ver sus virtudes,
se preocupó más por su apariencia externa.

Su familia y sus amigas le decían
lo cruel que era al portarse de esa manera con ella misma,
¡Enfurecía! No quería escuchar comentarios.

El daño se fue haciendo más grande

Lloraba al ver que su amor con otras paseaba
Comparaba su físico con el de las otras chicas
Hasta con el de sus propias amigas.

Pasó el tiempo, no aceptaba ayuda
Tomó la decisión de irse de este mundo
intentó suicidarse a costa del dolor
de los que en verdad la amábamos
Ingirió gran cantidad de pastillas malignas
Hasta que sus ojos dejaron de parpadear
Le fueron pesando y cerrando cada vez más
Su cuerpo cayó al piso frío y triste de su habitación.

Por suerte alguien apareció,
la arrancaron de las garras de la muerte
Fue atendida rápidamente
Dios no la quería a su lado todavía,
la ayudaría y recompensaría a reponerse de la
Anorexia.

Poco a poco se fue dando cuenta de el error que cometió
Su vida era más importante
Mas allá de un amor no correspondido
Mas allá del cuerpo y la figura perfecta que ella soñaba
adquirir a costa de su vida.

El narcisismo por el que todos le decían que optara,
fue haciéndolo poco a poco.
Por su bienestar tuvo que hacerlo y lo aceptó.

En la playa

Estuvimos ahí ardiendo de placer
Con besos apasionados, caricias suaves y excitantes
La marea subía, el viento soplaba
Que noche tan hermosa que contigo disfrutaba.

Nos conocimos íntimamente,
mira ahora no te vas de mi mente
Si mi destino es quererte,
con gusto te llevo hasta la muerte
Cuerpo substancial, manjar que no dejaba de admirar
Quisiera gritar todo lo que sentí a los cuatro vientos
Quiero desbordar todo mi amor para ti.

Repetías mi nombre una y otra vez
Te estremecías de enorme sensación de placer
Que te hice sentir cuando te estaba amando en la playa
Miraba tu cara, miraba al cielo,
escuchábamos el murmullo del inmenso mar
Y como él nuestra pasión no tenía fin.

En tu boca

En tu boca encontré la medida de mis labios
El sabor que había deseado
En tu boca conocí el aliento que anhelaba
De tu boca nació el deseo de amar.

Llenaste mis locas fantasías, complementaste las
expectativas que en ti había depositado
Merecí tenerte, quererte, disfrutarte
Y perderte después.

En tu boca quedaron mis más sinceros besos
Al ver tu boca sólo añoro aquellos momentos
En que tu boca a mi besaba.

De tu boca salió la palabra para alejarme de ti
Y como despedida de tu boca probé el último adiós
En mi boca quedó
el recuerdo más preciado que tú me diste…

Tus besos.

Eres linda cuando callas

Eres magia en lo lejano
Inspiras ternura envuelta de fantasías
Parece incierto, parece palpante
Tu imagen se evapora en el desierto.

Contigo o sin ti, tu presencia en el subconsciente habita
Es de fuego, es de hielo, es de niña
¡Pero también mujer!

Te invito a caminar entre nubes
Te invito a volar sobre pantanos
Tú y yo tomadas de las manos.

Enamoradota

Que soy enamoradota me dicen…
Yo les digo: es verdad, estoy enamorada de la vida
Enamorada de la magia de las mujeres
Me disuelvo como gota de sangre
en un vaso de agua al pensar en ella.

Me entrego, me dejo llevar por mi musa actual
¡Qué importa que no se quede!...

En mí para siempre existe felicidad
Estabilidad, entrega, lucha continua.

También amo el arte, la poesía
El escribir una historia de amor,
el hacer una canción llenan total mi corazón
¿Cómo darle la espalda a la obra de arte
que construyo gracias a ti?
Mujer fuente mágica de inspiración eres para mí.

El apasionarme día a día por lo que disfruto hacer
Crear para deleitar paladares exigentes,
el ejercitar mi cuerpo
Abrazando la naturaleza desde el asiento de mi bicicleta
con mis brazos abiertos.

El amar y palpar más de cerca la familia,
las amistades cercanas
¡Seguir amando a las lejanas!...eso es absoluta felicidad.
¿Enamoradota?… ¡claro, lo soy!
He de seguir inspirada, por las cosas buenas
Por las no tan buenas, yo las haré pintarse rosa.

Historias en un puente blanco y transitado

Una tarde feliz estuve aquí
Inspirándome con tu hermosa naturaleza
Conocí una sensación linda que guardo en mi corazón

Después llegué a tranquilizar mi ánimo
que en ese momento estaba en el suelo
Logré levantarlo admirando todo lo que posees,
puente blanco y transitado
Otras veces llegué así, como hoy, con una tinta,
hoja de papel en blanco
Y comencé a crecer, creando tantos poemas
y soñando a la vez.

Hubo besos que probé sintiéndome feliz
En otras ocasiones disfruté de un buen vino
Fueron pasando poco a poco historias distintas
Desde que nos hicimos amigos,
puente blanco y transitado.

La gente de tu pueblo pensó que tal vez estaba loca
Al acercarse y preguntar si me encontraba bien
¡Sorprendidos marchaban al escuchar mi respuesta!
Los guardias de seguridad creyeron
que tal vez estaba en peligro
Un día llovía, la noche de pronto cayó,
música escuchaba dentro de mi auto
Eran melodías que hacían flotar a cualquiera.

En invierno me diste tu frío, en verano me dabas tu sol,
¡tu lindo río!

Lloré por un triste dolor de alguien en mi vida especial
Entristecí al escuchar todo aquello amargo
Y así día a día al visitarte,
historias diferentes presenciabas
Al estar yo aquí, puente blanco y transitado.

Tuve la dicha de ver nuevos atardeceres
Mañanas tranquilas
Ver animales silvestres
Así como también escuchar
el canto de los grillos y pájaros
Que nos acompañaban, puente blanco y transitado.

Hogar

Hogar: no es una casa, no es habitar un apartamento
No es un lugar donde vivir.

Hogar, es cuando el corazón encuentra
un recinto que no se ve
Es cuando habita en el corazón de otra persona,
y esos dos corazones se hacen uno
Para formar su propio hogar, moran en una nube mágica,
en una ilusión
Sensación que no tiene comparación,
entonces a eso le llamo hogar.

Va en tu vida diaria, caminando a tu lado,
marchando a tu mismo paso
Lo llevas en tu memoria, en tus sueños, en tus manos
Y se instala por siempre en tu alma.

Hogar que abarca todo tu ser, vive en tu interior
No se ve, sólo se siente… se siente por siempre.

Juntas

Exprésame lo que te hice sentir
Con una mirada, tal vez con una sonrisa
¡Invítame a rozar tu cuerpo!
Juntas aprenderemos el lenguaje de este extraño deseo.

Déjate llevar, sentirás que tus pies despegan de la tierra
No estarás sola, yo estaré flotando a tu lado
Daremos un paseo universal, tal vez me enamore de ti
Estoy lista para recibir esa emoción, ¡es lo máximo!

Juntas descubriremos el mundo entero
Nuestros labios se unirán como imán
Quiero sentir tus senos en mi cuerpo
Oír los latidos de tu corazón.

Juntas cuidaremos la una de la otra
Estaremos siempre, en cualquier lugar
Juntas en el más íntimo rincón del infinito
Eso será el verdadero amor
que a tu lado quiero descubrir.

La razón contra mi corazón

Tengo un gran amor que guardo en mi corazón
Le prohibo a mi boca que te lo diga
Le prohibo a este tonto corazón que te sienta
Que expulse ese amor de él,
le exijo, lo amenazo sin descanso.

Mi razón le cuenta tantas cosas
Con la esperanza de que le haga caso
le dice que no me conviene tu amor
le dice "ella no te hará feliz"
Mi razón le dice que ella no lo ama
Mi razón le dice que eres infiel
Mente y pensamiento le dicen
que eres inacción a un vínculo formal
Mi razón le dice que eres de aventuras y nada más.

Mi juicio, prudencia y mi sensatez
le dicen a mi corazón que tú defraudas
Que no eres de fiar, mi razón le dice
que mire a otra mujer que lo valore de verdad
También le dice
que no se deje contaminar por la decepción
¡Por favor déjala de amar!

Mi necio corazón calla mi pensar,
calla mi mente, calla a mi razón
Respondiendo, argumentando,
protegiéndote, defendiéndote.

Habla el corazón
Mi corazón dice: "no, lo soñé, ella me amó"
Mi corazón afirma, declara
Ella me dijo a través de su mirada,
no necesité de sus palabras
Esas dos lucecitas parecían no mentir, su cuerpo me quiso
Mi corazón dice que eres fiel
Mi corazón dice: "ella es difícil para expresarse".

El corazón menciona una y otra vez que eres buena
Que en ti hay un gran potencial
para amar y transmitir seguridad
Mi corazón te quiere justificar afirmando que eres temerosa
Analítica, examinas y renuncias
por vulnerabilidad en tu alma.

Mi corazón le dice a mi razón:
"¡No la dejaré de amar!",
que tal vez estarás en él hasta mi final
Mi corazón le dice a mi razón
que algunas veces tú también la sueñas
Y le dices que la extrañas,
le dice el corazón a mi razón que te necesita
Le suplica a mi razón que te hable
A veces me pide permiso para llorarte
Pero… mi razón no lo deja,
mi cordura no le permite, lo ampara

Sublime corazón vuelve a reafirmar que aunque mi mente
y razón traten de anularla él te amará.

La vida en rosa

La vida es rosa si tú estás aquí
La vida dejó de ser rosa cuando te marchaste
Oscuridad llegó a mi alma cuando lo asimilé
Me di cuenta que te perdí.

Desde esa noche no he podido ser completamente feliz
Me falta el aire, me faltas tú.
Al pasar los meses en un lugar te encontré
Cruzamos miradas cuidadas por cada quién
Ni un saludo, ni un adiós.

Sentí como si nunca te hubiera conocido
Como si fuiste algo fugas, algo invisible
Todo indica que eres real
Y sin embargo no puedo contigo hablar.

Te tengo que olvidar sin que yo lo quiera
Hacerme creer a mi misma que solo te soñé
Y lo que viví en ese sueño,
sólo fue por ese momento nada más
La vida en rosa es cuando te besaba.

Latente amor

Latente amor capaz, incapaz de estallar
Manipulas mi ideal como mariposa, lo incitas a volar
Lo siento aquí frotando mi ser
Se alegra, a veces no esta en calma
Late mi amor, late al sentirte cerca
¡Entristece al no verte!

He conocido el dolor cuando siento que de mi te vas
Lloro, grito, me estremezco de tan solo pensarlo…

Imagino que somos una
Tu de mí, yo de ti
Si eso se convirtiese en realidad
¡Temo enloquecer de fascinante dicha!

Necesito más de mi cuerpo, necesito más corazón
Este latente amor se desborda como un fuerte caudal
No hay el suficiente espacio para lo magno
Recorre todo, todo lo abarca, desde mis pies
Hasta el último rincón, en cada poro de mi piel.

Utópico sentir, esfumas todo mal
E impulsas latente amor.

Libro hechizado

Todo comenzó un día en que me dirigí a buscar un libro
En la librería había un gran mitote
Un lector había llegado
con cientos de hojas de papel en las manos
Cada hoja la pegaba en cada pared,
en diferentes librerías de las ciudades
En cada pasillo, por doquier.

Las hojas de papel decían…
A todas las personas que trabajan en las librerías
y lectores fanáticos
Pido el favor, un grandísimo favor
Si en algún rincón del mundo consiguen el libro
que no terminé de leer
Por que parecía estar hechizado,
desapareció de un día para otro
Aquí les dejo la introducción de este libro
y les cuento mi experiencia.

Con el corazón desolado pero tranquilo
Una sonrisa siempre en la boca caminaba a todos lados
Lo llevaba en mis manos.

En el mes de marzo del año 2006 quise reposar,
toqué la puerta de una habitación
Nadie la habitaba por que entré sin que nadie abriera
Esa puerta sola se abrió, ahí sólo estaba un libro,
lo tomé en mis manos y comencé a leerlo
El autor fue narrando la historia de su protagonista,
comencé a sentirme muy feliz al leer
Poco a poco, página a página ese libro,
disfrutaba cada misterio, cada coma
Cada punto, cada estrofa, cada verso.

Ese libro esta lleno de sabiduría, es educativo, es creativo
Es sentimental, que cualquier lector se puede enamorar
y quedar atrapado en él

Desde aquel día ya no quise dejar de asistir a la habitación,
toda mi energía, mi tiempo
Mi corazón, mi atención estuvieron ahí.
Como en cada película o novela
te vas identificando con algún personaje
Con cada acción o reacción.

Después de 30 días esa habitación (que nadie habitaba)
Llegué como todos los días,
quise entrar y la puerta no se abrió
Toqué, toqué, no hubo respuesta,
obviamente invadió a mi corazón la melancolía
Y tristeza, por que no pude seguir leyendo aquel libro
Inteligente, creativo, educativo, lleno de sabiduría
Pero también de miedos y un gran misterio
en el corazón del protagonista.

Quedaron pendientes cientos de paginas por leer,
grandes obstáculos que el protagonista de la novela
Tenia que vencer para enamorarse
y como en los cuentos de hadas poder ser feliz.

He querido tener ese libro en mis manos otra vez
Leerlo hasta su final,
descubrir la verdad que encerraba al protagonista
En una esfera de cristal,
sólo se que ese libro tenia un hechizo
Aparecer y desaparecer,
casi nadie lo ha podido leer y saber su final.

Nunca olvidaré al autor del libro y al protagonista
De la novela que llevan el mismo nombre... J. S.

Titulo del libro: atada a un sentimiento.

Me gusta tu ausencia

Me gusta tu ausencia por que así descubro que te añoro
Disfruto el extrañarte, por que cuando vuelvo a mirarte
Son mas fuertes las ganas de abrazarte.

Después te observe a cada instante
Me gana la alegría, alimento una emoción
Y comienzo a saltar de un lado a otro
De repente no controlo el pensarte
Algo me lleva siempre hacia ti

Algo que aun sin quererlo me magnetiza a tu lado
Me arrastra hasta tu mirada, ¡ahí es donde me pierdo!
Se va la noción del tiempo, olvido todo
Me gusta tu ausencia para analizar lo que por ti siento.

Mano amiga

Tu mano ha estado en todo momento
Me ha salvado de caer en el abismo
que produce la tristeza y el dolor
En ti encuentro la sana medicina
que me brindas en tu amistad
Cuando atormentada y desolada está mí vida
ahí te encuentro.

Tu mano amiga me da la seguridad,
sé que si de un puente a punto estoy de caer
Sin duda tu mano amiga me salvará de la muerte
Se que para defenderme de un embrollo o juicio injustificado
Tu mano amiga estará para salvarme.

Eres en mi vida una parte importante
Si me faltaras no marcharía igual mi trayecto en esta vida
Algo de mí se apagaría y como el viento,
mi felicidad se iría lento…

Quiero agradecerte tu fidelidad,
tu bondad de tal manera que no logres olvidar
Te quiero, eres parte de mi,
eres la mejor amiga, algo sin igual
Amiga estoy orgullosa,
dichosa de que nuestros caminos y lazos estén unidos…

Ha habido varios senderos por donde caminar
¡Tú y yo escogemos el mismo!
El día que no sea así no significa que te he perdido
Nuestra Amistad es grande, fuerte y verdadera
No obstaculizará la distancia, el tiempo, el viento,
la tempestad cotidiana
Nada, nadie puede hacer que cambie…
Tú confías en mí, mano amiga yo confío en ti.

Me gustas

Trato de verte disimuladamente, oculto mi sentir
Me duele porque soy indiferente para ti
Me gusta tu forma de ser, tu forma de caminar
Me gustan muchas cosas de ti.

Quiero poder sobrellevar esta situación
Por que no es bueno para mí
Te tengo en el alma
Creo que nunca a nadie había sentido así.

El rechazo que nadie me había hecho, significas tú
Tal vez es bueno para crecer como ser humano
Y tener algo nuevo que aprender.

Nada ha sido fácil para mí, tengo un corazón enamorado
Se enamora, rechazado se encuentra hoy
Por lo superficial, por lo oscuro que lo rodea…
¡Si tan sólo me dieras la oportunidad
de enseñarte lo que valgo!

Si abrieras las puertas de tu corazón, de tu amistad
Encontrarás el ser bueno que habita en mi
¿Qué es lo que realmente me pasa?
Me siento triste, estaba ilusionada por ti.

Tú lograste que te sintiera profundamente
De pronto todo lo tiras por la borda
Juegas seducción, mientras tanto no imaginas
Lo que causas, tus acciones son obstáculos
Qué me van quemando por dentro.

Me estas doliendo, no quiero cosechar depresión
Quiero que todo esté bien
De verdad lo prefiero, aun que tenga que deshacerme
De lo mucho que he juntado para darte solo a ti.

Tienes la llave del cielo que representa mi cuerpo,
mi vida, mi amor
Si algún día sinceramente necesitas entrar,
el cielo se abrirá para ti.

Me pierdo en ti

Puedo perderme en tu mirada
Vagar en el infinito de tu alma
Sin temor, sin medidas, si ni reservas
Por que esos ojos hermosos
Me dicen que soy por ti amada.

Me dejo llevar por tu piel
Por tus caricias y tus labios
Por mi instinto que no me puede mentir
Mi corazón cada vez derrocha más amor
Lo que siento por ti, te adornan cuan flor a su jardín.

Te has apoderado de mí
Cuando te tengo cerca, muero por abrazarte
No quisiera por un minuto desprenderme de ti
Te vuelvo abrazar con una mirada, te beso en un suspiro.

Tienes fuerza magnética, me hechizas
Me atraes como un imán, como cordero voy a tu lado
Me cobijo en tu regazo, comodidad me traes
Conversaciones, un rico café,
un té en la cama a tu lado saben mejor.

Momentos vividos con mi nuevo amor

Me encuentro aquí a tu lado
Hay un ambiente de cuento de hadas
Árboles inmensos, tu presencia es la que me hace feliz.

Te veo y no lo creo
Te amo sé lo que siento
Siente mi amor como tiemblo.

El cantar de los pájaros
El silencio del tiempo que pasa sin darnos cuenta
Me estremezco enredada en tus brazos
En el regazo de tu pecho.

Oigo los latidos de tu corazón,
como el mío sienten un gran amor
Emociones encontradas, todo lo encierras tu vida mía
Quisiera tener el tiempo
para que te quedaras conmigo eternamente.

No eras mi prototipo

Rompiendo con prejuicios
Desbaratando paradigmas llegaste a mi vida
Cautivándome con tu forma de ser, con tus detalles
Con tu sonrisa captaste por fin mi atención.

Llegué a preciar cada día tu presencia,
saborear tus conversaciones
Conocerte cada vez más se ha convertido
en una de mis grandes pasiones
Disfruto cada abrazo, cada muestra de cariño,
tu mirada y cada emoción.

Atenta tú eres, admirable también,
no eras mi tipo de mujer, gracias a ti
Aprendí a mirarte con los ojos del alma,
gracias al cielo por haberte puesto en mi camino
Descubrí en ti a una mujer
indescriptiblemente interesante
Que me llenó de cosas invaluables.

No te entiendo

Dices que te irás, porque a mi lado no puedes estar
Te pido, mirándote a los ojos, no lo hagas.
¡Por que aun quiero luchar!
No te entiendo, si dices que me amas,
¿por qué te has rendido ya?

Las torpezas de mi parte, de tu parte han hecho de las suyas
¿Les quieres dar la razón?
Tú y yo debemos seguir los impulsos de nuestro corazón
Las dos sabemos que aún sienten amor.

¡No te entiendo! Si después de que lo intento no lo ves
Estás a la defensiva, me encierras, no me dejas salida
Sabemos que las heridas duelen…

Conscientes de lo que hemos construido
Nos ha hecho fuertes para enfrentar las tormentas
¡Aún no es tiempo! No debemos despedirnos, no te entiendo,
Hoy no harás tus maletas porque aún te quiero.

No pretendo enamorarte con mentiras

Me hace feliz lo que me producen estas emociones por ti
Me pongo poeta, me pongo pijamas
¡Comienzo a escribir!

En el día te pienso, en la noche también
Tú que me haces sentir, tú que me haces crear
¡Inspirarme a un más!
Tú que sólo por existir me haces vibrar.

Emocionadamente loca me encuentro
Lluvia de ideas en mi cabeza
Arte, vida, lucha, entrega… ¡amor!

No espero nada de ti
No pretendo enamorarte con mentiras
Sólo quiero demostrarte
Tú que no imaginas lo que dentro de mi causas.

Tú que caminas sin notarme, tú que no me miras
Hemos platicado mucho en mi sueño astral
Ahí te he visto a diario, conversamos extenso
Compartimos opiniones

Creo que tengo miedo de verte a los ojos
Antes lo hacia, ¡hoy no puedo!
Aún no quiero que mires lo que por ti siento
No pretendo retenerte,
no pretendo enamorarte con mentiras
¡Eso descubrirás!

He decretado en meditaciones profundas nuestra historia
He decretado que no me harás daño
Tampoco yo lo haría, ¡no lo haré!
Sólo quiero construir un puente mágico en nuestras vidas.

¡No pretendo enamorarte con mentiras!

No te pediré que entres y veas mi alma
Pero dejaré la ventana abierta por si algún día te animas
¡Con cuidado! cuando descubras lo que soy,
no querrás salir de ella
Sin duda te quedarás y vivirás en el castillo
que en mi corazón construí para ti.

No pretendo enamorarte con mentiras
Si no sintiera nada por ti
Este poema simplemente no existiría.

No soy yo

Algo entra en mí e influye en mis sentimientos
Carcome mis dudas y no me hace feliz
A veces en la penumbra de la noche,
en el silencio de mi soledad
Algo en mi interior surge
desde lo más profundo de mis pensamientos.

Mi pasado no me pertenece, tampoco mi futuro
Sólo mi presente,
la pesadumbre a lo que me impide ser feliz
No me deja vivir, cobarde soy.
Rostros nuevos, amaneceres distintos,
pero siento que no soy yo.

Entonces, ¿quién soy yo?
A veces me pregunto, ¿un ser de otro planeta?
De pronto me invade la ira, de repente sonrío de la nada
O de cualquier cosa humorística que suele pasar.

Experimento rara sensación, voluble ante la adversidad
Abismos que no me dejan salir.
¡Cómo explicarme lo que realmente soy!
Lo que no me atrevo a aceptar,
me encierro en mi propio mundo
Grito mi nombre, no me contesto.

Vivo confundida ante mi oscura sombra
Lo nubloso, opaco no me dejan verme
Hay una luz, difícilmente puedo percibirla
Sé que esa luminiscencia es lo que me ayudaría
A escapar del laberinto.

Es radiante y luminosa para que la vea
También esta una soga atada a mi cintura
Me detiene para no ir hasta a ella
Quiero trincharla para correr a la luz que no se apaga.

No puedo, es tan fuerte como un árbol
Tormentoso sería que la luminosidad que a lo lejos
he logrado ver se apague para mí
Temo quedar atada a esta soga,
y la esperanza se desvanezca
Moriría lento, primero mi corazón, parte a parte de mi.

Mente mía vuela lejos de mí para que no fallezcas
Rescata mis poemas, porque mi cuerpo
Hecho cenizas quedará algún día.

Nunca sabemos lo que tenemos hasta que lo perdemos

Tengo una manzana, pequeña,
no muy roja como las que a mi me gustan
¡Me gustan las grandes manzanas!,
la he de tirar puesto que no se me antoja.

Me casé con un hombre, no es buen mozo,
nada que ver con mi prototipo de pareja
Tengo dos hijas con él, me casé casi por compromiso
puesto que en mi vientre crecía
El fruto de aquella candente unión.
Casada, con una casa y familia
Un hogar, grandes responsabilidades también,
¡toda una ama de casa!

Un giro de 360 grados mi vida dio,
yo seguía pensando en mi verdadero amor
Aquel hombre de mi adolescencia que mi pureza robó
Siempre estuvo y estará en mis pensamientos y corazón
Él marchó, ¡me abandonó!, sola quedé,
es por eso que me refugié en él.

Mi marido es bueno, buen padre, excelente persona,
impone, la gente lo respeta
Emprendedor, nada se le dificulta, en el fondo yo sabía,
yo reconocía la gran persona que tenía a mi lado
Mas nunca se lo dije, el ego, la autodefensa, la vanidad,
el orgullo de creerme superior
Nunca fui completamente feliz, ¿por qué?

Por pensar en el que creía mi amor verdadero
No valoré al hombre que a mi mesa
llevó siempre los alimentos
No valoré a ese ser que me regaló el don de ser madre,
aquél que llenó a mis hijas de sonrisas y alegría.

Él ha muerto, en lo mas profundo de mi ser
se escucha un desgarrador lamento de remordimiento
Por no haberme permitido ser feliz a su lado,
nunca le dije todo lo que lo admiraba
Y hasta envidia sentía por que era
mucho mejor ser humano que yo
Por el capricho a lo que siempre creí lo mejor para mi.

Ahora sé que después de muerto reconozco y admito
Que aquel hombre feo, no buen mozo,
fue en verdad el que me enseñó lo bonito de la vida
El ser feliz día a día con lo que se tiene,
con lo que se consigue con el sudor de nuestra frente…
Todo por aquel recuerdo de amor, por vivir de mi pasado,
no disfruté de mi presente
Con el hombre que ya ha muerto, nada puedo hacer,
no pude demostrarle lo que en verdad siento
Tuve la oportunidad, no lo hice, por ego, por vanidad,
por pensar en alguien más.

Una tragedia lo que me confirma
que el verdadero amor lo tuve siempre,
a mi lado, dormido siempre a mi costado,
el que cuando al trabajo marchaba mi mejilla besaba
ahora él ha muerto y yo muerta en vida he quedado
por no haberle demostrado
mis verdaderos sentimientos.

Placer ardiente

Fue prodigioso, experiencia mágica que jamás olvidaré
Fue deslumbrante como la luna
Te amo desde ese momento que te hice mía
No dejo de pensar un momento en ti.

Qué no daría por volver a besarte.
Daría todo por probar otra vez
Esos labios candentes que me excitaron esa ocasión
Lamento que sólo fue esa noche, sólo esa noche
Sueño con otra igual, pido al cielo una más.

Ahora mi mente la ocupas tú
Mi corazón late más fuerte, se ha llenado de ti
Sólo tus ojos puedo ver encima de mi cara
Cuando me quemaba en tus brazos
Tú también ardías de placer.

Exultación siento al saber que fue real
Dichosa soy, por que no fue un sueño
como los que solía tener
Donde al despertar me daba cuenta que nada era verdad.

Olor natural

Hay un viaje que realizaré
Mis labios aterrizarán en tus piernas
Se deslizaran por todo tu cuerpo
Hasta llegar a la ciudad.

Mis manos serán guías de turistas
Que te llevarán junto conmigo a conocer
Lo que aún no hemos descubierto
Te morderé la boca dulcemente, me llenaré de ti
Y con ese sabor contenta me sentiré,
así te llevaré a todos lados conmigo.

Olor natural, a flor de campo,
camino fresco como la gran cascada
agua purificada,
Virgen cristalina de la montaña verde
A lo lejos escucharás el canto de pájaros
Acompañando nuestro ser.

Olor natural a rosa, a brisa suave del mar
Beberé de tu manantial... recorriendo el mundo
Caminando sin descanso
Besándote sin cesar.

Que Dios ilumine este amor

Ilumina este amor que acaba de nacer en mi corazón
Es cada vez mas grande y me esta robando la razón
Dios, ayúdame a aprender
de todos tus mandamientos a la perfección
En este amor aplicarlos,
gracias a ti hoy tengo lo que tanto había esperado
Quiero respetarla, amarla, por que la quiero en mi vida.

Compartir todo, aceptarla tal cual es,
con sus defectos y sus virtudes
Dios mío ilumina este amor,
hazlo fuerte para que resista los malos ratos
Que venza todas las cosas negativas
que quieran destruirlo
Que siempre triunfe por más fuerte que sea la tormenta.

Dios mío ilumina el sentimiento
más maravilloso que nos enseñaste
Afortunada me siento por sentir este amor en el alma.

Rimero

Labios rojos como terciopelo delicado
Besos deliciosos como un helado de fresa
Ojos expresivos, pequeños,
destellan una enorme luz como aquella estrella
Sonrisa de cristal que inspira tranquilidad.

Eres mi rimero que tanto quiero
En tus manos tienes todo de mí
Tus caricias son como pétalo de las rosas más hermosas.

Agitas mi corazón, lo subes a millón
Con esa lengua que sabe a francofilia
Rimero siempre te llevo conmigo
Eres parte de mis composiciones
Aunque en mi interior causes tantas explosiones.

Si pudiera

Si pudiera detener el tiempo, ponerlo en nuestras manos
Cerrarlas y guardarlo en una caja fuerte con candado
Si pudiera darte la luna, sin pensarlo lo haría
Si tuviera el tiempo para mostrarte todo lo que soy.

Si tuviera la respuesta a este sentimiento
Si pudiera decirte que te amaría toda la eternidad
Te has aunado a mi vida, ¡me siento feliz!
Quiero seguir así, muy juntito a ti.

Si pudiera contigo recoger lo que he sembrado
Agradecida con Dios y con la vida me verías
Si pudiera retenerte a mi corazón,
te amaría con gran devoción
Si pudiera volar como en mis sueños,
te llevaría a la más alta montaña
Para jurarte amor eterno.

Si pudiera borrar tus tormentos pasados, no lo haría,
por que de eso se aprende a ser fuerte en la vida
Sólo sé que hoy puedo llenarte de felicidad
y de un gran amor
Amor que poco a poco crecerá sin limitación.

Sueños e ilusiones

Te amo a ti
En ti veo la luz del día
Adoro tu mirada tan linda como la mía
En ti he puesto mis sueños e ilusiones
Eres parte de mis poemas y de algunas canciones.

Las mañanas de otoño adornan tu belleza
En un sueño real en el que sólo estás tú
y tu hermosa personalidad
Tus cálidas manos llenas de energía
Me cubren como suave tela,
Sueño contigo, ¡tú eres mi ideal!

Te amo a ti por ser como eres
Siempre sencilla, maquillaje natural en tu rostro
Tus brazos me estremecen
Por ti siento mariposas en todo mi cuerpo.

Son ilusiones alimentadas por un gran recuerdo
En mi memoria es cada vez mas bonito
Reconozco que a veces un poco obsesivo
En ti puse mis sueños e ilusiones
Me defraudaste, y temores para volver amar sólo dejaste.

Te pensé

Te pensé en cada piedra que vi, en cada árbol que abracé
Te pensé al despertar, al respirar,
te pensé en aquel cráter volcánico
En cada copa de vino, en cada suspiro.

Fragilidad de flor en mi corazón
Aceptación a lo imprevisto
Aprenderé a sobrellevar sentimientos que nacen
y otros que se van.

Como polvo de la tierra floja
que se esparce al nosotros pasar
Así como la vida que te lleva a etapas de crecimiento,
que nos elevan hasta el cielo azul
Donde solo los verdes pinos ven mejor.
Oxigeno vital entra en mi cuerpo
Para darnos salud y bienestar.

Calor abrumador del recuerdo aquel
En que a ti me acerqué, tocando y acariciando tu piel.

Ejercito, y adrenalina expulso para relajar mi ser
Pero te sigo pensando, tranquilamente
Con añoranza también,
cae la noche e imagino que conmigo estas
Sólo tu presencia debo esperar
Comprendo todo, pero no dejo de soñar.

Mutilados mis sueños tengo hoy, que de mi te separan
No tengo el control de esta situación, a destiempo estoy
Cita a solas con las estrellas
Las miré a todas, feliz me sentí y nada más necesité
En la noche iluminada, esa noche en que en ti pensaba.

Tengo ganas

Hoy es un día como otro normal
Estoy viendo la lluvia caer
Desde la ventana de un café
En la radio tocan la canción que me hizo recordarte
Aunque te llevo en mi mente todo el tiempo
De mi vida ya te has vuelto ausente.

Tengo ganas de hablarte, quiero escuchar tu voz
Tengo ganas de darte un beso sin fin
Ansío el día en que éste deseo se haga realidad
Y ya no te desprendas de mi.

De ti tengo ganas
De tocar tu cabello, de pasear mis labios por ese cuello sensual
En tu aliento quiero perderme
Y refugiarme en tus brazos.

Tengo ganas de decirte que te amo,
sueño contigo todas las noches
En este invierno tú serías mi mejor abrigo
Tengo ganas de revivir esos bellos momentos
En que felices estuvimos disfrutando un tierno romance.

Inconsolable he estado desde que te fuiste de mi lado
Envidio a las parejas que sí pueden amarse sin barreras
Y que con dulzura se demuestran
día a día el amor que se tienen
Sin importarles el que dirán.

Tímida

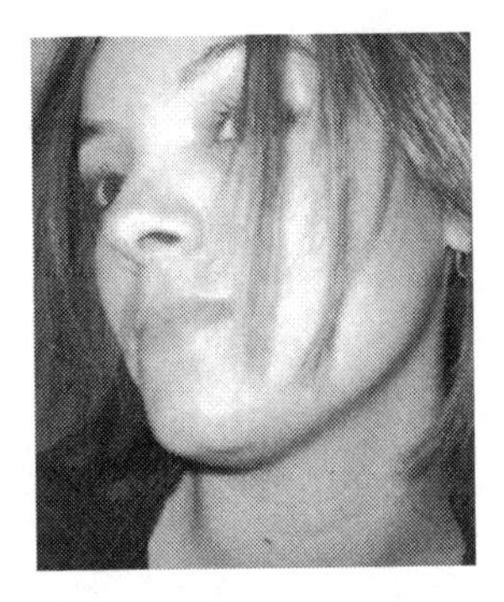

Me enternece tu mirar
Imaginarte en mis brazos,
es como ver el sol en un nuevo amanecer
Carita angelical, tímida niña, de amor
Me provocas al tus manos besar.

Has llegado a mi vida así sin avisar
Sin imaginarte a mi cotidianidad cambiar
Ha vuelto la ilusión a mi corazón
Día a día envuelta en una sana motivación
De llegar hasta el último rincón de tu interior.

Tímida en un beso te he dicho lo que no ha podido mi voz
En un beso te dije que comienzo a quererte

Tímida niña, hermosa, auténtica, natural
Como una flor con delicado aroma puro del campo tropical
Sus hojas, tus manos representan en un abrazo
amor y amistad.

Una mujer

Sólo un eco llegó cuando por fin le expresé
lo que guardaba en el fondo de mi alma
Mi ser temblaba al imaginar su mirada
Desde antes de conocerla yo la amaba.

Mis sentidos vibran al ver su imagen de papel,
De las perlas de su boca soy cautiva
De sus dos estrellas brillantes enamorada
Guían con su luz mis anhelos hasta el infinito
¡Cuán grande es su belleza!
Se ha convertido esencia en un poemario.

Guardé este amor por años, se mantuvo intacto
Trate de reprimirlo, borrarlo de mi corazón
Aferrada a esa idea, silencio fui
Proseguí mi camino.

Sólo una valoro tu existir
Valoro todo de ti, te quiero de la forma que desees
Más allá de un gusto, de un profundo sentimiento
Valiosa eres para mi.

Cuando le tuve frente a mí, vulnerable fui
Mis manos sudaban, mareada
Corazón palpitante
Terremoto en mi cuerpo, nerviosismo se apodera de mi

Un amor donde abundan las caricias
Un amor donde nada es imposible
Donde los besos no faltan
Donde las distancias no existen, donde sus sueños míos son

Donde la esperanza nunca muere
Donde una guerrera nunca pierde la batalla
Hoy sin duda le puedo decir: “no tengo miedo”.

No hay pasado, no me impide trascender mi presente
Tú, sólo tú puedes cambiar el timón,
darle un giro a mi vida
Una, sólo una.

La pasión de seducir
Cual desatino coqueto
Obtuve el sabor de tus besos,
Yo le ofrezco delicada cobija para su cuerpo
Sutileza, paciencia

Tú me ofreces la verdad, ¡habrá un acoplamiento!
En el ardor de los deseos me encuentro
Delicioso amor y sus misterios.
¡Sólo una mujer!

Verso a tus rizos

Rizos largos, castaños y hermosos
Ojos negros de largas pestañas
Sonrisa preciosa en tu cara
Haces que de sólo verte me emocione todas las mañanas.

Tus palabras recibo como un canto cotidiano
Te busco por que te extraño
Me encantaría tenerte todo el tiempo de mi mano
Aunque parezca un sueño muy lejano.

No intentes alejarte de mí porque no lo podemos resistir
Continúa hablándome de ti, ¡me encanta que lo hagas!
Llévame hasta donde termina el mapamundi de tu existir
Una fotografía de tu cuerpo en mi subconsciente guardo
Y algunos besos que no me has dado.

Mi mirada te espera cada día
Mis brazos abiertos constantes para ti
Tu sonrisa refleja felicidad como la mía
Estruendo de tambores en el pecho
Euforia enloquecida de mí escapa,
trato de disimular, lo doy por hecho
estulto es, por que todos lo notan,
como el sonido del arpa.

Volando con mi imaginación

Me he puesto a pensar en el por qué te necesito
Me llenas de tantas cosas bellas
Me mata pensar en perderte
Pienso que me besas por que yo quiero
No por que tú lo sientas.

Me siento muy bien, me siento liberada
Como si no existiese
Todo vuela a mi alrededor
Me siento como un árbol
Que nunca alcanza el cielo
Sólo crece y crece,
creyendo alcanzar lo que nunca podrá.

Todo pasa, el tiempo todo lo cura
Pero a la vez no deja de dolerme,
someterme a lo que jamás podrá ser
Y me conformo con solo mirarte, con tenerte cerca de mi
No comprendo que me pasa
Si yo lo he sabido, creí tener los pies sobre la tierra.

Lo que hoy esta pasando,
estoy volando con mi imaginación
Nos hemos ido muy lejos, allá donde nadie piense o crea
Lo que sólo tú y yo sabemos.

Volé por su cielo azul

Admiré su boca que no decía mentiras
Disfruté el paseo en su nube blanca
Como paloma abrí mis alas
Y volé por su cielo azul.

Como tormenta hice ruido dentro suyo
Sonrisa feliz, caricias tiernas
Deslicé mis manos por tus mejillas
Como maravillosa lluvia de abril que cae sobre la cabaña.

Dormir a tu lado fue lindo
¿Sabes mujer? me encanta el olor de tu cabello
Caminar por el bosque,
compartir historias ha sido un gran aprendizaje.

Es un arte conocerte, descubrir con una mirada tus ayeres
Ser parte de tu presente es algo sorprendente
Volé por tu cielo azul donde encontré tranquilidad y calma
Opté por no correr de prisa,
prefiero lentamente disfrutar nuestras almas.